LA CIVILIS
KING
UE
Ivoire
et fourrures
RUSSIE
Esclaves, fourrures, cire et miel
Uppsala
Birka
Suédois
Novgorod
Ambre
Kiev
Argent
ois
Hedeby
Esclaves
Vin, armes, bijoux
et poteries
aris
EMPIRE
BYZANTIN
MER
NOIRE
MER
CASPIENNE
et
in
Rome
Constantinople
MER MÉDITERRANÉE
Soie, épices
et argent
Alexandrie
vers Bagdad

Directeur : Sarah Kœgler-Jacquet
Directeur artistique : Florent Salaün
Responsable éditoriale : Sandra Berthe
Secrétaire d'édition : Marion Lambert

Directeur de collection : Pierre Miquel
Auteurs : textes originaux de Louis-René Nougier, adaptés par Yves Cohat
Illustrations originales : Pierre Joubert
Conception graphique : FLGRAF / François Lemaire, Sonia Blanchard
Suivi éditorial : Fabienne Travers

Nous remercions :
Achille Etna, Claire Hostalier, Anne-Laure Estèves

Crédits : Cartographie, © Miss

LA VIE PRIVÉE DES HOMMES

Collection dirigée par Pierre Miquel, professeur émérite à la Sorbonne

AU TEMPS DES VIKINGS

Princes des mers, explorateurs des terres lointaines

hachette
JEUNESSE

À l'origine

Commerce et artisanat

Vie quotidienne

Organisation sociale

À la guerre

De grandes conquêtes

Les premiers Scandinaves traquent une harde de rennes. Ils immobilisent les animaux à l'aide d'un lasso avant de les emmener avec eux pour les domestiquer.

Vers le xe millénaire av. J.-C., des chasseurs d'Allemagne et du Danemark peuplent l'Europe du Nord. Venus à la suite des migrations des immenses troupeaux de rennes et d'élans que le réchauffement climatique repousse vers le Nord, ce sont les premiers Scandinaves.

Les ancêtres des Vikings

Les hommes de l'âge de pierre, encore très peu nombreux et à moitié nomades, vivent des produits de la chasse jusqu'à ce que de nouvelles populations apportent avec elles l'agriculture vers 4000 av. J.-C. Le renne domestiqué devient alors un compagnon et une aide, tout en assurant une alimentation en viande et laitage. Les chasseurs errants se muent en paysans avisés, en habiles artisans et en marins expérimentés. Ils construisent des villages de maisons en bois à soubassement en pierre, situés dans des sites protégés qu'ils défrichent pour semer et cultiver. À bord de pirogues, ils s'éloignent au large pour pêcher et remontent les fjords et les rivières pour commercer avec d'autres peuples. Bientôt, leur équipement se perfectionne.

Vers 3000 av. J.-C., la métallurgie du bronze fait son apparition. Outils et armes deviennent beaucoup plus efficaces tandis que la civilisation matérielle prend un éclat nouveau : on a retrouvé au Danemark des bijoux d'or et de bronze, des vêtements de laine délicatement tissés, et même des rasoirs et des pinces à épiler !

▲ Les baleines franches abondent sur les côtes de la Scandinavie. L'échouage de tels cétacés, qui peuvent mesurer 20 m de long, est une aubaine pour le clan qui peut en vivre longtemps.

▼ Les camps des chasseurs sont constitués de simples tentes faites de peaux cousues jetées sur de légères armatures en bois. Ils sont situés au bord de l'océan car les chasseurs se déplacent à bord de pirogues creusées dans un tronc d'arbre.

Les nouveaux arrivants, agriculteurs et forestiers, se heurtent bientôt aux anciennes populations de chasseurs dont ils désorganisent les territoires de chasse. Ces derniers contre-attaquent sur l'élément qui leur est le plus favorable : la mer.

Une première bataille navale

Les chasseurs affrontent leurs adversaires à bord de canoës légers, sur lesquels 4 ou 5 hommes évoluent avec aisance. Finement profilées, hautes sur l'eau, bien protégées des vagues, ces embarcations sont beaucoup plus faciles à manœuvrer que les lourdes pirogues grossièrement façonnées des paysans-forestiers. Incapables d'évoluer rapidement, ces derniers sont vite en difficulté face aux archers habiles qui les assaillent de tout côté.

À l'âge des métaux (entre 1800 et 300 av. J.-C.), le travail du bois et les progrès des techniques nautiques permettent de préparer de véritables **flottilles** capables de tenir la mer : le commerce d'outils, d'armes et de matières rares, comme l'ambre, se développe sur des distances de plusieurs centaines de kilomètres. Les conflits qui naissent sur le sol scandinave poussent également les plus audacieux à chercher fortune au large des rivages familiers. À l'intérieur des terres, comme au-delà des mers, ils préparent déjà les voies de la future expansion viking.

◄ Les peaux sont mises à sécher tendues sur des chevalets. Une fois tannées avec des bains d'écorce de chêne et graissées avec du **suint** de mouton ou de la graisse de baleine, elles deviennent imperméables à l'eau tout en restant souples.

▼ Ces gravures datent de l'âge du bronze. Elles représentent des embarcations très diverses, de longues pirogues ou des canots à armature, « habillés » de peaux.

▼ L'armature du canot est constituée de pièces de bois de frêne imbibées d'huile de baleine, liées par de fines lanières de cuir nouées très serré. Elle est recouverte de peaux cousues avec des cordelettes de lin finement tressées. Dans les îles d'Aran, en Irlande, on utilise encore des canots similaires : les **coracles.**

La construction d'un drakkar réclame une forte main-d'œuvre spécialisée. Les artisans utilisent des haches pour débiter les pièces de bois, des **racloirs** pour les façonner et des **tarières** pour les percer.

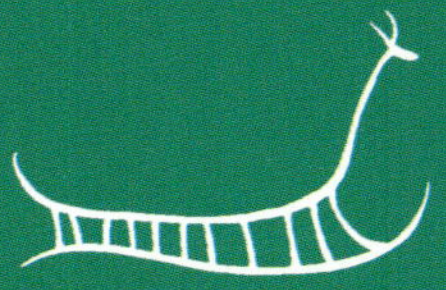

La construction du drakkar

Le bateau est au cœur de la civilisation viking. Moyen de transport et de conquête privilégié pour les vivants, il est aussi le cercueil dans lequel on couche les morts pour leur dernier voyage.

Grâce à sa construction robuste et légère et à sa propulsion associant la rame et la voile carrée, le drakkar permet aux valeureux navigateurs du Nord de s'éloigner des côtes et d'entreprendre de longues traversées océaniques. À son bord, les hommes du Nord vont entre le VIe et le VIIe siècle partir à la conquête du monde pour commercer ou semer l'épouvante chez les peuples d'Europe, d'Afrique du Nord, d'Asie et même d'Amérique. L'abondance du bois – chêne et pin – en Scandinavie et la possession d'instruments de fer variés favorisent une construction rapide.

Sur le chantier, le navire est soutenu par des poutres clouées à la quille. Les bordages sont montés « à clins », chaque planche débordant légèrement sur la planche précédente. Celles-ci seront ensuite **calfatées** avec des fibres végétales goudronnées. Cette technique originale permet d'obtenir une coque à la fois souple et très résistante.

► La tête de dragon qui orne la proue du drakkar est destinée à chasser les esprits maléfiques et à épouvanter les ennemis.

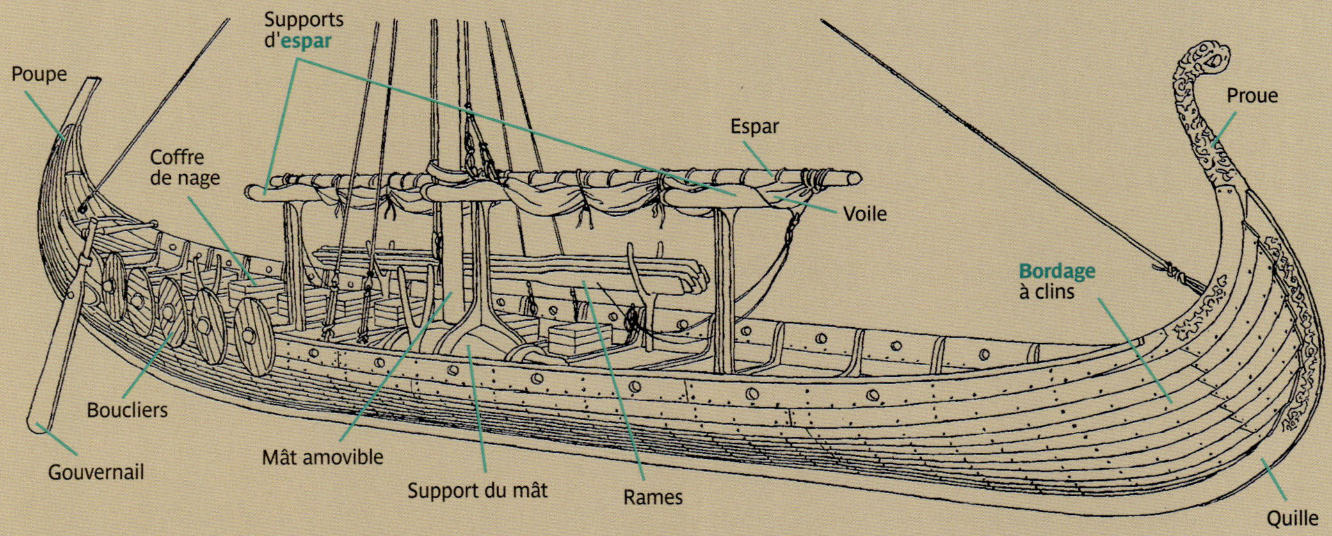

▲ Au départ d'une expédition, les Vikings accrochent leurs boucliers le long de la coque. Ils glissent les avirons dans les **trous de nage** et, assis sur leurs coffres, ils rament vigoureusement pour s'éloigner du rivage. Si le vent est favorable, ils dressent le mât et hissent la voile.

▲ Cette grande rame latérale fixée à la coque à tribord, et soutenue par une courroie de cuir permet de gouverner le drakkar.

Les ressources de la mer

Les eaux de la Baltique, de la mer du Nord et de l'Arctique sont généreuses. En toutes saisons, elles fournissent aux populations des ressources très variées, dont les Vikings ont appris à tirer parti.

Les poissons abondants – morue, maquereau, colin, flétan – sont pris au harpon, à la ligne ou au filet. Séchés ou salés, ils se conservent longtemps et servent au ravitaillement pendant les longues expéditions en mer.

Les mammifères marins, baleines et phoques, sont nombreux sur la côte de Norvège. Le morse, qui mesure 4 m de long et pèse souvent une tonne ou davantage, est néanmoins un nageur vif et rapide, ce qui fait de lui une proie insaisissable dans l'eau. Les Vikings attaquent donc l'animal sur le sol, lorsqu'il se déplace lentement en se hissant à l'aide de ses deux longues canines supérieures pointées vers le bas. Dépecé et découpé, il fournira viande, graisse, cuir et ivoire.

Les petites baleines et les phoques sont forcés à la course et repoussés vers le rivage où, immobilisés, ils sont achevés à l'arme blanche. Une baleine peut fournir 1 500 l d'huile et plus de 2 000 kg de viande. Des os et des **fanons**, on tire du petit outillage et des objets d'ornement.

Enfin, les coquillages apportent un complément apprécié, tandis qu'algues et **goémons** sont utilisés pour le confort de la maison – en guise de matelas, par exemple.

Pour sécher les morues, les femmes les accrochent sur des **claies** en bois. Des feux de résineux, de genévrier et de bois vert dégagent des fumées qui facilitent la conservation et éloignent les moustiques.

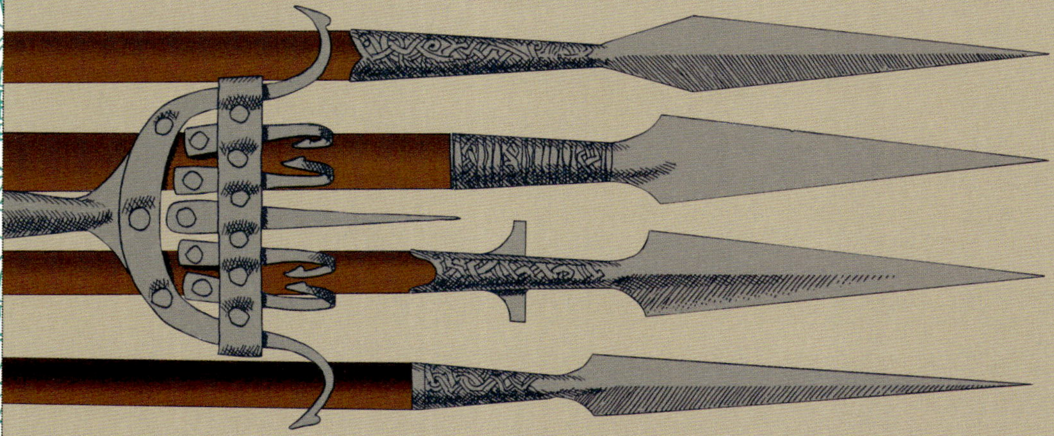

◄ L'**arsenal** du chasseur viking se compose d'armes redoutables. La foëne, un harpon pour la pêche au gros poisson, comporte une pointe pénétrante et 6 crochets divergents qui empêchent le poisson de se dégager. Les 4 lances ont une emmanchure finement ciselée.

Sur les rives gelées des mers du Nord, les Vikings chassent courageusement le morse, qu'ils attaquent à l'aide de lances et de haches de fer.

Protégé par une levée de terre surmontée d'une palissade de rondins entourant le port et la ville, le bassin de Hedeby peut recevoir plusieurs dizaines de navires à la fois. Le **chenal**, flanqué de tours de défense, peut être fermé en cas d'attaque.

De grands ports de commerce

Grands aventuriers, les Vikings sont aussi d'habiles commerçants toujours prêts à chercher de nouveaux produits et à créer des marchés. Ainsi, à côté des fins drakkars qui ouvrent la voie, naviguent des vaisseaux marchands lourds, chargés de richesses : les knorrs.

Navigateurs hardis, les Vikings n'hésitent pas à se déplacer très loin pour se procurer des marchandises et attirer chez eux des négociants de toute l'Europe. Les villes scandinaves connaissent ainsi un grand développement et les Vikings deviennent de véritables bourgeois, c'est-à-dire des **roturiers** qui ne travaillent pas de leurs mains mais qui possèdent des biens et habitent en ville. À la fois port de commerce et camp retranché, la ville de Hedeby symbolise bien le double visage de l'activité viking. Une fois franchi le rempart qui ferme le bassin, les navires sont déchargés à bras d'hommes.

Les marchandises sont entassées sur des chariots avant d'être acheminées en ville. C'est à partir de chacun des ports que les richesses sont envoyées vers l'arrière-pays. Aussi ces cités font-elles l'objet d'une protection particulière. Mais chez les Vikings, le guerrier est indispensable au marchand, au point qu'ils sont souvent une seule et même personne. C'est là une des raisons de la réussite de leur pénétration sur de nombreux continents.

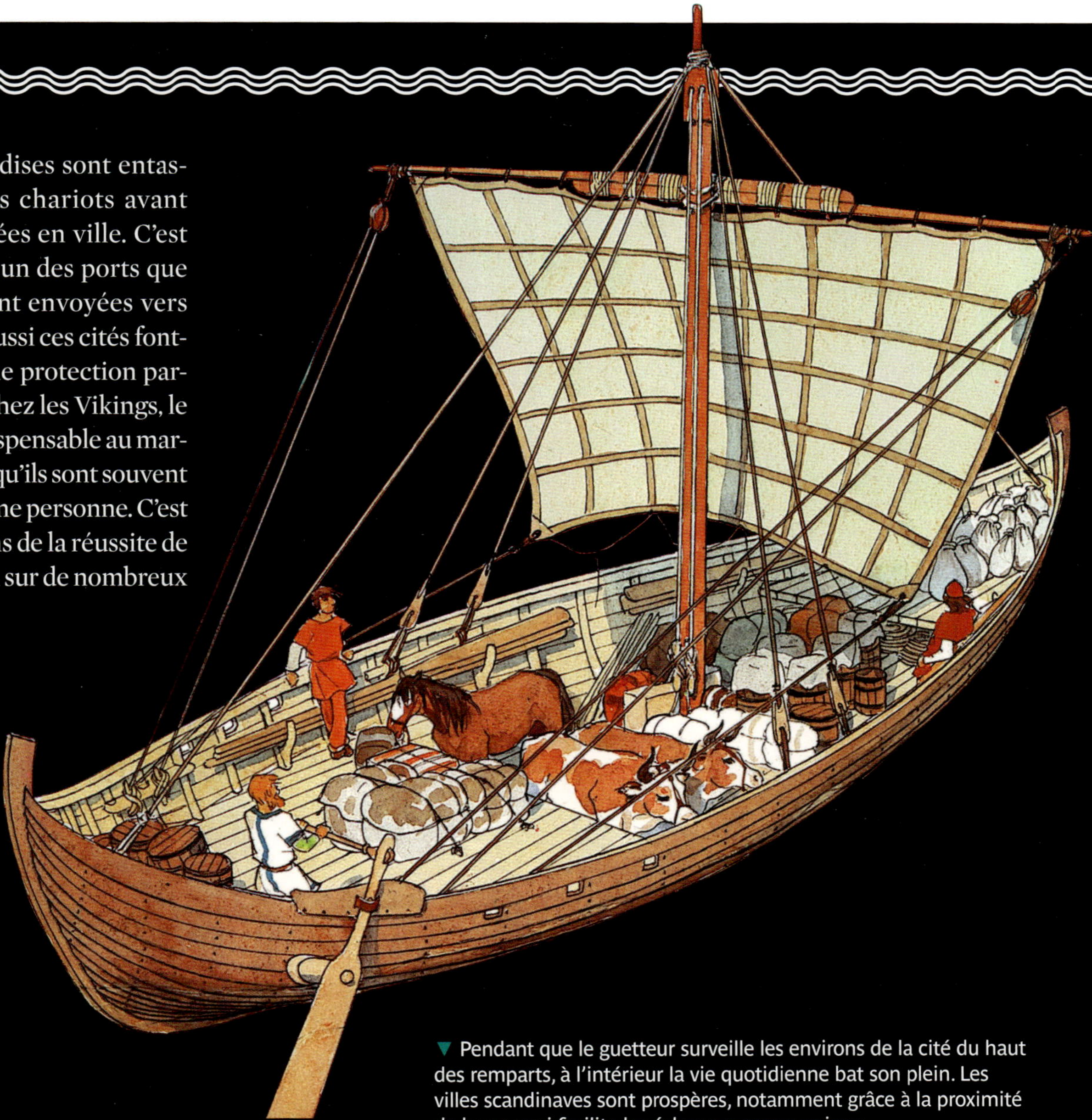

► Le knorr est un lourd navire marchand plus large que le drakkar, aussi bien adapté au **cabotage** qu'à la navigation en haute mer. Celui-ci est chargé de marchandises étrangères importées qu'il achemine depuis le port danois de Hedeby dans les petits comptoirs.

▼ Pendant que le guetteur surveille les environs de la cité du haut des remparts, à l'intérieur la vie quotidienne bat son plein. Les villes scandinaves sont prospères, notamment grâce à la proximité de la mer qui facilite les échanges commerciaux.

Forgerons, orfèvres et graveurs

Le monde viking, qui dispose, en particulier en Suède, d'importants gisements de fer riches et faciles à exploiter, a poursuivi et développé, tout au long de son histoire, les traditions métallurgiques issues de l'âge du bronze et de l'âge de fer.

C'est grâce à la hache en fer que les paysans vikings ont fait reculer la forêt et qu'ils en tirent leur matière première principale : le bois de construction. C'est encore grâce à leurs armes en fer que les guerriers du Nord se sont imposés à l'Occident. Qu'il soit marin, guerrier ou paysan, chaque Viking est lui-même son propre artisan. Cependant, certains métiers sont spécialisés, notamment ceux de la métallurgie. Chaque village, chaque port, chaque camp possède ainsi son atelier, où artisans du fer et du bois collaborent étroitement pour fabriquer maisons, bateaux, chariots, meubles, armes et bijoux.

Les artisans savent aussi se faire orfèvres et travailler l'argent et l'or, ciselant les poignées d'épées, les colliers ou les broches, de motifs compliqués de nœuds et d'**entrelacs**, parfois **filigranés.** Sculpteurs et graveurs sur bois rivalisent aussi de savoir-faire dans la décoration des bateaux ou du mobilier, auxquels ils apportent le plus grand soin.

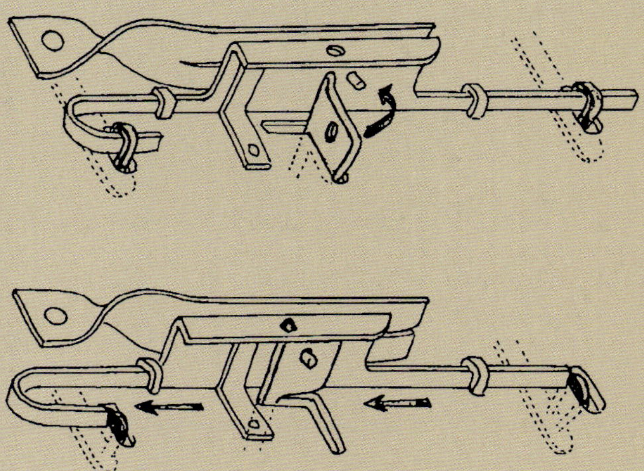

▲ Les Vikings sont d'excellents serruriers. Ces verrous servent à fermer le grand coffre de chêne de la maison commune ou le **coffre de nage** embarqué par chaque marin sur le drakkar.

▼ À l'aide de longues pinces, un **charron** cercle une roue avec un bandage de fer porté au rouge et agrandi par dilatation du métal. À gauche, deux autres hommes fixent les roues pleines, typiquement vikings, d'un chariot.

Dans des régions au climat rigoureux, la construction de l'habitat fait l'objet d'un soin particulier. Construites en bois, naturellement, les maisons des Vikings sont groupées en villages au plan bien dessiné, en bordure de mer ou en lisière des forêts.

La maison : un lieu à vivre

Vers 950, les villages vikings comportent une vaste enceinte circulaire dont l'intérieur est divisé en quatre secteurs. Chacun d'eux abrite quatre grandes habitations collectives disposées en carré, autour d'une esplanade centrale. À l'extérieur du fossé de l'enceinte, une quinzaine de maisons identiques, longues de près de 30 m et larges de 8 m, sont disposées en quart de cercle. En cas d'alerte, ces maisons sont abandonnées et leurs habitants se réfugient derrière l'enceinte.

À l'intérieur, le confort reste rudimentaire. La charpente, en forme de **carène** de navire renversée, est soutenue par deux rangées de poteaux. Au centre de la salle commune, un foyer de pierre fournit la chaleur et permet la cuisson. Le long des murs, une banquette recouverte de fourrures est utilisée pour s'asseoir et dormir. En général, des cloisons séparent la grande salle de deux ou trois chambres plus intimes.Les Vikings, qu'ils soient marins ou paysans, attachent une grande importance au foyer où il fait bon se retrouver pendant les longs hivers qui empêchent toute sortie.

► Les murs sont édifiés avec des planches épaisses dont les extrémités découpées s'ajustent en un solide assemblage. Des fibres végétales ou animales, imprégnées de graisse de phoque ou de baleine, bourrées dans les interstices, assurent l'étanchéité.

▲ Afin de conserver leurs aliments, les Vikings les empilent dans des sortes de glacières : un simple trou creusé à même le sol et recouvert de rondins et de neige pour l'isoler de la chaleur environnante.

◄ Les meubles sont rares. Un lit en bois orné de têtes d'animaux fabuleux ; un coffre à grain soigneusement verrouillé ; un coffre à vêtements, clouté et ouvragé ; un seau cerclé de fer ; et une lampe à pied fichée dans le sol en terre battue.

■ Pour se protéger des vents violents, l'immense toit de bois de cette habitation collective descend très bas vers le sol et forme une galerie extérieure servant d'abri. La poutre au faîte du toit suggère une quille de navire.

La mode viking

Les Vikings prennent le plus grand soin de leur apparence physique. Ils se lavent souvent, au moins une fois par semaine (ce qui est exceptionnel à l'époque) et de préférence le samedi. Ce jour-là, ils changent aussi de linge et effectuent la lessive hebdomadaire.

Chaque maisonnée possède étuves et cabinets de toilette attenant au logis. Les hommes arborent moustache et barbe bien taillées, qui sont un signe de qualité sociale et guerrière.

Les vêtements sont à la fois commodes à porter et élégants : une culotte serrée aux chevilles ou un pantalon et une tunique, ou un manteau sans manche pour les hommes ; de longues robes droites, jupes, jupons et pimpants tabliers pour les femmes. La taille est marquée par de larges ceintures ou des lanières de cuir. Aux pieds, des chaussettes de laine, des bottes ou souliers de cuir souple. Les jours de cérémonie, on se drape dans des étoffes amples aux riches motifs, retenues par des épingles, les fibules, véritables œuvres d'art.

Les Vikings sont passés maîtres dans l'art de l'orfèvrerie. Les métaux précieux, achetés ou pillés lors des expéditions, sont travaillés avec finesse selon des décors exubérants. Les bijoux, que l'on emporte dans la tombe, sont portés à la fois pour le plaisir de l'œil et comme marque de richesse. Aussi le moindre objet est-il prétexte à décoration.

▲▼ Les Vikings se lavent dans des bassines remplies d'eau chaude. Après s'être fait soigneusement raser, les hommes font tailler leurs longues moustaches à l'aide de ciseaux.

▲ Les Vikings, hommes et femmes, aiment porter des bijoux délicatement ouvragés : des épingles et des fibules pour attacher leurs vêtements et d'autres moins utilitaires comme des colliers et des broches.

► Après le bain, les Vikings passent au sauna. Là, des esclaves versent de l'eau sur des galets chauffés au rouge afin d'emplir la pièce de vapeurs tonifiantes pendant que les baigneurs se frottent le corps avec des branches de bouleau.

Chez les Vikings, toutes les occasions sont bonnes pour se retrouver ensemble et faire la fête. Les principales festivités sont liées au rythme des saisons, des travaux agricoles et des courses en mer, d'où provient la richesse.

Des jeux et des fêtes

Au solstice d'été quand tout est fini dans les champs et à la fin de l'automne quand les récoltes et les navires sont rentrés, tout le village se rassemble pour des danses, des chants et des banquets fortement arrosés. L'hiver, lorsque le froid invite à rester chez soi, les jeux de société font passer le temps : dés, dames, et aussi échecs ! Les Vikings sont en effet friands de réflexion et leur organisation sociale, comme toutes leurs entreprises, témoigne de remarquables capacités d'observation et d'abstraction.

Ils apprécient aussi les longs poèmes récités par le « scalde », équivalent du **barde** celte, qui conte les exploits guerriers des ancêtres. Ces poèmes, transmis par la tradition orale, occupent une grande place dans la culture des Vikings qui ne pratiquent pas véritablement l'écriture.

Les hommes du Nord prennent grand soin de leur corps et le sport tient une place importante à la fois dans leur hygiène et dans leurs distractions. Lutte au corps à corps, course à pied et natation l'été, ski et luge l'hiver donnent lieu à compétitions et paris. Des courses de chevaux et des **cavalcades** sont aussi organisées fréquemment.

▼ Le jeu d'échecs, importé de Perse, passionne les Vikings. Ils emploient des pions aux figures souvent expressives et humoristiques.

◄ La course à pied exalte les qualités physiques des guerriers vikings. Les compétitions, qui donnent lieu à de nombreux paris, sont la source de vives controverses et d'ardentes **palabres** pour les spectateurs.

▼ Le scalde s'accompagne d'un **luth** pour conter à un auditoire passionné les exploits des « Jarls », les glorieux chefs vikings. Il chante les lointaines randonnées de ces héros, les riches pâturages du Groenland, les grands bois du Markland et les fruits du Vinland.

À l'heure du grand départ, les Vikings remplissent le chariot de bagages. Le gros coffre renferme des fourrures et d'épaisses couvertures de laine, qui protégeront du froid les voyageurs et les chevaux pendant leur périple.

Les voies de terre

Les Vikings ne se déplacent pas seulement sur l'eau. C'est par voie de terre, déjà, que leurs ancêtres sont venus de l'Est jusqu'en Scandinavie et qu'ils l'ont progressivement occupée. C'est par la terre aussi que les Vikings vont poursuivre leur élan conquérant.

En pays nordique, la neige et la glace recouvrent le sol une bonne partie de l'année. Celles-ci permettent des déplacements rapides quand on sait les utiliser. Très tôt donc, les chasseurs chaussent des skis pour poursuivre les élans et les rennes. S'y ajoutent patins et traîneaux, dont certains, richement décorés, sont de véritables œuvres d'art.

À la belle saison, les traîneaux font place aux chariots. Les plus légers et les plus ouvragés, tirés par deux chevaux, transportent rapidement les hommes et les objets précieux, même sur les chemins détrempés par la fonte des neiges.

Les plus lourds, solides et rustiques, souvent tirés à bras d'hommes, sont plutôt réservés au déplacement des charges importantes. Les Vikings savent admirablement combiner les divers modes de transport. Pour franchir les rapides d'un fleuve ou passer d'un cours d'eau à un autre, ils placent leurs embarcations sur des rouleaux ou des patins en bois, parfois même sur de véritables rails, et les tirent sur plusieurs kilomètres.

▼ Ce traîneau de parade, sculpté magnifiquement, a été retrouvé dans la sépulture d'Oseberg, en Norvège.

▼ La lame du patin à glace est taillée dans un os de porc.

▼ Patineurs et traîneaux se croisent sur la route verglacée menant au village. Quand il est réservé à un usage quotidien, le traîneau n'est orné que de simples motifs losangés.

▼ La cité qui barre le fleuve est trop puissante pour que les Vikings puissent l'assiéger pendant l'hiver. Ils la contournent alors en faisant glisser leurs drakkars sur le sol gelé, sur des **berceaux** munis de patins, et reprennent leur navigation en aval.

Les futurs époux, portant leurs plus beaux vêtements et leurs bijoux les plus précieux, se présentent devant le chef viking qui tient en main l'épée sur laquelle sera prononcé le serment du mariage.

La famille viking

Le mariage est l'événement le plus important de la vie sociale des Vikings. Lors de cette cérémonie, la femme apporte à son époux et à son clan la force et les biens de sa propre famille. Aussi ce sont les parents qui décident de l'union de leurs enfants.

Le prétendant doit faire la preuve de sa position sociale par des cadeaux qui constituent une sorte d'achat de sa future femme. Le niveau de fortune doit être à peu près le même de part et d'autre pour éviter l'affaiblissement de l'un des clans. La cérémonie des noces est très simple : l'union est consacrée à l'aide d'un marteau, attribut rituel du dieu Thor, en présence des membres des deux clans. Festin et réjouissances, eux, durent longtemps ; bière et hydromel coulent alors à flots.

La jeune épouse habite dans la maison de son mari mais conserve son nom et son appartenance au clan paternel. Maîtresse des lieux, elle garde à sa ceinture les clefs de la demeure et du coffre aux trésors. On attend d'elle un intérieur bien tenu et des enfants nombreux et vigoureux.

La polygamie est admise : le roi Harald « aux beaux cheveux » avait neuf épouses. Ainsi, en cas de divorce ou de veuvage, la femme conserve sa fortune. Il n'est pas rare alors qu'elle se remarie à l'intérieur de sa famille, avec son beau-frère par exemple, « afin que ne sorte pas du clan une femme si excellente ».

▼ En cas de grave désaccord, les époux comparaissent devant le chef de village qui est assisté par deux conseillers. Chacun expose ses griefs afin qu'un jugement soit prononcé.

▼ Le prétendant a été agréé. Il arrive devant la maison des parents de sa fiancée avec ses présents : du bétail et un coffre plein de bijoux. La jeune promise regarde timidement la scène, cachée à l'intérieur de la maison.

▼ Le soir des noces, pendant le festin, les enfants sont regroupés à la même table sous la surveillance des femmes et d'un vieil « oncle », chef de clan.

La condition des femmes en pays viking est très en avance par rapport au reste de l'Europe. Traitées avec respect par les hommes, considérées comme leurs égales, les femmes vikings, surtout quand elles sont épouses et mères, assument de grandes responsabilités.

Les femmes transforment la vie

Durant la saison des travaux agricoles, bien des hommes partent en expédition. Certains n'en reviennent jamais et le veuvage est un état fréquent. Aussi les femmes travaillent-elles la terre, ou dirigent-elles les groupes d'esclaves. Il leur arrive même en cas de besoin de porter poignard, arc et flèches. Mais leur domaine est avant tout le foyer et ses tâches multiples. Les femmes se chargent de la cuisine : elles utilisent beaucoup le miel mais aussi les baies et les coquillages ramassés sur la grève. Elles s'occupent aussi des opérations textiles comme le foulage, la teinture, le tissage et la broderie et affichent un goût prononcé pour les couleurs vives et les motifs compliqués.

Il est tout à fait admis que des femmes puissent exercer des commandements politiques et posséder personnellement terres, forteresses et bateaux. Bien des héros de sagas, ces longues chansons de geste, sont des femmes, comme la reine Aude « aux yeux profonds ». Certaines d'entre elles connaissent l'art de la poésie scaldique et savent tracer les runes, cette écriture mystérieuse des Vikings.

◀ Chaque foyer viking possède son métier à tisser. Les fils de laine sont tendus sur un cadre vertical à l'aide de poids en pierre. À côté de la jeune femme, une aide file la laine qui, une fois teinte, servira pour d'autres pièces de tissu.

▲ Laine, chanvre et lin : les matières premières ne manquent pas au pays des Vikings. Ici, une longue pièce de tissu, tendue dans un cadre en bois, est brodée avec attention et adresse par cette jeune femme.

▼ Ces paysannes, protégées par un foulard, enfument les ruches logées dans un tronc en pin. Elles se saisissent des rayons de cire gorgés de miel, utilisé pour sucrer les aliments et fabriquer l'hydromel.

▼ Quand les hommes sont en mer, les femmes prennent en main les travaux agricoles. Elles dirigent et surveillent les esclaves qui labourent, sèment le grain et font les récoltes.

Après son bannissement, Erik le Rouge prend la direction de l'Ouest à la découverte de nouvelles terres, avec les membres de son clan et toutes ses richesses.

Il n'existe aucun professionnel de la justice chez les Vikings. Les affaires courantes sont réglées au cours d'une assemblée locale : le thing. Les cas plus graves sont déférés devant l'« assemblée nationale », comme l'althing islandaise réunie pour la première fois en 930.

La justice : l'affaire de tous

Le thing, qui réunit des hommes libres, se charge des chicanes entre voisins, des querelles d'héritage, des différends politiques ou des violences physiques.

Devant le thing comme l'althing, les parties en présence exposent leurs griefs, confiant parfois leur défense à un notable éloquent, ami du clan. Il revient au plaignant de faire appliquer la sentence. C'est le plus souvent une amende qui compense le dommage subi par la victime. Il existe pour cela toute une échelle de tarification, qu'il s'agisse de la mort d'un chien, du vol d'un vêtement ou du meurtre d'un homme.

Outre la pendaison, très rare et sans doute à caractère religieux, le châtiment suprême est la mise hors la loi. Le coupable est alors banni et il doit s'embarquer pour chercher fortune ailleurs. C'est ainsi qu'Erik le Rouge, en 982, condamné à trois ans d'exil pour meurtre, découvrit le Groenland. Dans certains cas, on laisse aux dieux le soin de trancher. Les deux plaignants, débarqués sur un îlot, vident leur querelle jusqu'à la mort de l'un d'entre eux, qu'Odin a ainsi désigné comme coupable. C'est la « holmganga ».

L'accusé fait face à l'assemblée. Il a plaidé sa cause et présenté sa défense, soutenu par un ami. Il attend maintenant calmement la sentence.

▼ La condamnation consiste souvent en une réparation pour le dommage causé. Dans le cas d'un meurtre, le coupable est donc tenu d'indemniser la veuve et le père du défunt.

▼ Les deux adversaires ont vidé leur querelle, les armes à la main. Le duel a été acharné, mais Odin a rendu son jugement. Une barque vient chercher le vainqueur pour le ramener vers les siens.

Des légendes et des dieux

Le panthéon nordique est complexe et mouvant. Les dieux des Vikings habitent Asgardr, une haute montagne située au centre de l'univers, un peu semblable à l'Olympe des Grecs. Leur souverain est le redoutable Odin.

À la fois savant et violent, Odin, accompagné de son épouse Frigg, à la fascinante beauté, traverse les airs dans son char tiré par deux boucs. Thor, dieu du Tonnerre, est plus proche des hommes. Brandissant un marteau, il est courageux, juste et débonnaire. Le fracas de son rire ébranle l'univers entier.

À la fin du monde, doit se produire le crépuscule des dieux, qui perdront alors leur immortalité. En attendant, les hommes leur rendent un culte en plein air. Ils pensent qu'après la mort, demeure l'espoir du Walhalla : un paradis guerrier situé au sommet d'Asgardr, dont les 540 portes ne s'ouvrent que pour les combattants les plus valeureux.

Les légendes épiques des dieux font l'objet de développements amples dans des poèmes grandioses transmis oralement et dont les stèles runiques ont conservé des fragments.

Cette religion, sans dogme et sans église, aux aspects variés et parfois confus, a rendu les Vikings très accueillants aux croyances étrangères. C'est ainsi que, pour des raisons politiques, sociales et spirituelles, le christianisme a fait chez eux de rapides progrès, à mesure qu'ils rencontraient les autres peuples d'Europe.

◄ Odin, le terrible dieu de la Guerre et de l'Intelligence, se déplace dans les nuées, monté sur un destrier à 8 pattes et escorté par 2 corbeaux symbolisant la Mémoire et la Pensée.

▲ Frigg, l'épouse d'Odin, est toujours accompagnée de 2 chats, ses fidèles compagnons. Elle possède une pomme d'or aux pouvoirs magiques qui empêche les dieux de vieillir.

▲ Thor, le dieu du Tonnerre, protège les hommes aussi bien des créatures malfaisantes comme les géants ou les « trolls », les démons de la forêt, que des éléments naturels et des bêtes sauvages.

◀ Les lettres de l'alphabet runique, d'abord au nombre de 24, sont réduites à 16 vers 900. Les Vikings les gravent aisément à l'aide d'un **stylet** ou d'un ciseau sur des écorces de bouleau, des pièces de bois, des pierres ou des stèles.

▲ Dans le Walhalla, le paradis des guerriers, les Vikings tombés sur le champ de bataille sont reçus par les Walkyries, des vierges guerrières. Elles portent leurs armes, les réconfortent et leur servent de l'hydromel, breuvage d'éternité.

Un dernier voyage

Les Vikings croient que la vie se prolonge dans l'au-delà. Aussi, pour son dernier voyage, le défunt doit-il être équipé comme il l'était pendant sa vie sur terre. Les plus riches d'entre eux, hommes et femmes, se font ensevelir dans un drakkar.

Le tombeau de la reine norvégienne Asa de Vestfold, découvert en 1904 à Oseberg, parfaitement conservé, montre que le navire a été transporté à l'intérieur des terres, à quelques kilomètres de la mer, et traîné sur des rondins en bois jusqu'à l'immense fosse spécialement creusée à cet effet. Le jour des funérailles, au son des carnyx de bronze qui clament la douleur des vivants, le corps de la reine et celui de sa servante ont dû être déposés sur le pont du drakkar, au milieu de somptueux trésors. La sépulture royale a été ensuite recouverte d'une construction en bois sur laquelle on a entassé beaucoup de terre jusqu'à former une petite colline et édifier un tumulus.

Cependant, dans bien des cas, on a recours à un bateau en mauvais état, ou à de simples alignements de pierres prenant la forme d'un navire. Mais le mort part toujours avec ses biens les plus précieux, y compris chiens, chevaux, serviteurs et parfois concubines. Selon les époques et les lieux, le cadavre est incinéré ou enterré. Lorsque les funérailles ont lieu en mer, le feu est mis au drakkar afin que son embrasement frappe l'esprit des vivants.

► Les compagnons du chef viking mort au cours d'une expédition maritime l'ont couché, avec ses armes préférées, dans son drakkar. Incendié, le navire disparaît dans les flots en emportant le souverain jusqu'au Walhalla.

▼ Les corps des défunts reposent sous des tumulus entourés d'une enceinte constituée de pierres plantées. Ces alignements évoquent la forme d'un navire. Deux pierres plus élevées marquent l'emplacement de la proue et de la poupe.

Coiffé d'un casque conique qui lui enveloppe la nuque et que surmonte parfois une paire de cornes, le guerrier viking est redoutable par sa vigueur, son mépris de la mort et sa mobilité. Il est discipliné et les troupes opèrent avec ordre et méthode.

De redoutables guerriers

À distance, les Vikings tirent des flèches avec un grand arc et lancent des javelots à pointe métallique. Ils se protègent avec une cuirasse ou une cotte de mailles, quand ils en ont les moyens ou qu'ils l'ont reçue en héritage. Tous portent au bras gauche un bouclier rond renforcé en son centre d'un **ombilic** de cuivre. Les armes sont le bien le plus précieux du guerrier. Elles sont autant des œuvres d'art que des instruments de combat. Les lames des épées, que l'on manie à deux mains, sont souvent importées des pays francs et germaniques, et décorées sur place par les artisans vikings, qui leur ajustent de somptueux **pommeaux**.

En revanche, la hache est un produit proprement nordique. Issue des **cognées** avec lesquelles les bûcherons vikings font reculer la forêt, cette arme lourde et puissante sème la mort dans les rangs ennemis. Le tranchant, aiguisé comme un rasoir, est en fer trempé et monté sur un long manche qui lui donne sa précision. À ces armes s'ajoute le poignard, instrument de dernier recours qui ne quitte pas la ceinture des hommes, et que les femmes portent souvent autour du cou.

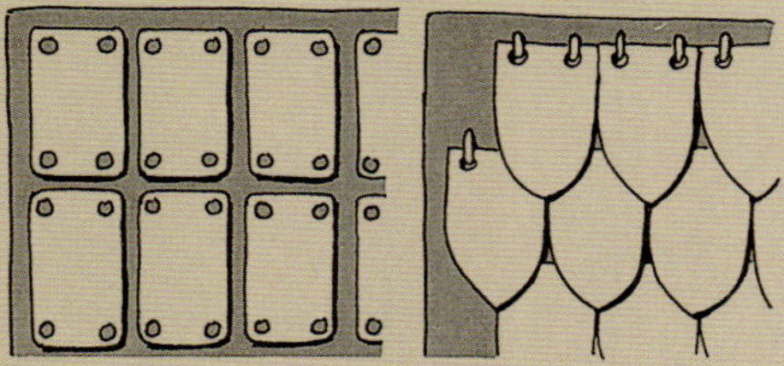

◀ Ces modèles d'armures légères sont formés de plaques de cuir cousues aux quatre angles, ou en « écailles de poisson ».

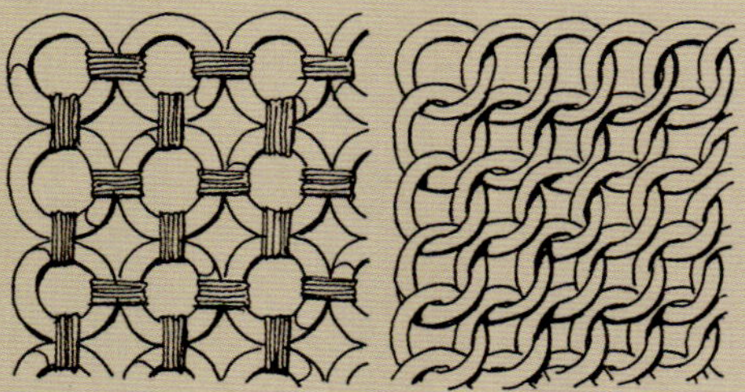

◀ La « broigne » est une armure formée d'anneaux cousus ; la cotte de mailles proprement dite est faite d'anneaux entrelacés, qui la rendent plus résistante.

▲ Les poignées des épées sont ciselées et décorées comme des bijoux.

▼ L'équipement du guerrier viking est très varié : longue épée à double tranchant ou hache de guerre, cotte de mailles, ou simples jambières et casque couvrant le haut du crâne et protégeant aussi le visage.

Les Vikings excellent dans la construction de camps militaires, à la fois fortifications, lieux de garnison et bases de départ pour les raids. Ces camps adoptent une forme circulaire, selon un plan probablement d'origine byzantine.

La vie de garnison

Le camp est toujours situé sur un cours d'eau, et souvent près de l'estuaire : ce qui permet la proximité des bateaux. Il est entouré d'un profond fossé, délimité par un rempart de plus de 15 m d'épaisseur et de 6 m de hauteur. Une rangée de pieux couronne cet énorme remblai. Le camp de Jomsborg, situé à l'embouchure de l'Oder, était établi en partie sur la mer et pouvait accueillir 300 navires.

À l'intérieur de l'enceinte, où les populations environnantes peuvent trouver refuge, tout est organisé pour la vie collective et l'activité militaire : réserves de vivres et de bétail, écuries, ateliers d'armes et d'engins de siège, et habitations pour les hommes. Ces camps surprennent par l'extrême rigueur de leur dessin et de leur construction. Les Vikings sont d'habiles architectes. Une des fortifications les plus curieuses est celle de Danevirke, une colossale levée de terre renforcée de blocs de granit, qui barrait d'est en ouest la presqu'île du Jutland et qui existait dès le début du IXe siècle.
D'autres constructions, de proportions plus modestes, furent édifiées en Angleterre et en Normandie et sont la marque de la conquête entreprise par les hommes du Nord.

◄◄ Le camp militaire de Trelleborg, sur la grande île de Sjaelland, garde le détroit de Grand-Belt qui contrôle le commerce maritime entre la mer du Nord et la Baltique.

▼ Pour juger de la valeur des jeunes recrues, on leur fait prendre d'assaut un rempart de rondins qu'elles ont érigé la semaine précédente. Leurs aînés, munis de bâtons, leur donnent la réplique sans trop de ménagements.

▼ Après la sonnerie à la trompette du couvre-feu, les Vikings se reposent dans la grande maison aux flancs bombés. Pendant que l'un d'eux astique son casque, d'autres se reposent ou jouent aux dés leur part de solde ou de butin.

En novembre 885, les Vikings assiègent Paris. Sous la direction du comte Eudes et de l'évêque Gozlin, les habitants de la cité organisent la défense. Malgré plusieurs assauts, les Vikings ne parviennent pas à se rendre maîtres de Paris.

Dévastateurs et conquérants

C'est à la fin du VIIIe siècle que Danois et Norvégiens entrent en contact avec les Européens. L'effet de surprise est presque total, et la rumeur publique enfle rapidement, dépeignant les Vikings comme des créatures terrifiantes et cruelles.

Avides de l'or et de l'argent qu'ils n'ont pas chez eux, les hommes du Nord s'en prennent aux églises et surtout aux monastères, qui en possèdent beaucoup, en Angleterre ou sur le continent. Les moines et les évêques, les historiens de l'époque, tracent un portrait terrifiant des pillards, devant lesquels ils ont généralement fui dès l'annonce de leur arrivée, en emportant les reliques des saints. La panique qui parcourt l'Occident chrétien se développe d'autant mieux que les Vikings se déplacent très rapidement. En quelques années, ils sèment la terreur de l'Islande à l'Andalousie et à l'Italie, revenant chaque printemps exiger **tributs** et rançons, remontant toujours plus loin le long des cours d'eau à l'intérieur des terres.

C'est ainsi qu'au IXe siècle, ils se présentent six fois devant Paris. La résistance tarde à s'organiser, les chefs francs préférant payer très cher le départ des envahisseurs plutôt que de se battre. Puis les villes se fortifient et les Vikings cessent peu à peu leurs incursions, pour établir avec les populations locales des relations plus pacifiques. Cependant le nom de Vikings restera longtemps synonyme d'épouvante.

▼ Le 8 juin 793, les Vikings pillent le monastère de l'île de Lindisfarne. Cet épisode terrifie l'Occident chrétien qui, pour conjurer la menace venue de la mer, récite alors la fameuse prière : « Protège-nous, Seigneur, des hommes du Nord. »

▼ En 844, les Vikings sont en Méditerranée. Ils incendient Séville, puis remontent le fleuve Guadalquivir pour piller Cordoue et sa célèbre mosquée édifiée en 785 par Abd al-Rahman.

Les Norvégiens sont les principaux héros de cette épopée maritime. Parmi eux, les exilés, vaincus au combat ou bannis par la justice, fournissent les équipes les plus audacieuses dans cette quête d'un nouveau monde.

À la conquête de l'Ouest

Ils découvrent d'abord l'Islande où 10 000 colons s'établissent entre 870 et 930. Mais d'autres terres existent plus à l'ouest, aperçues par des navigateurs entraînés au loin par une tempête. En 982, Erik le Rouge, banni pour meurtre, tente la traversée. Guerriers, femmes et enfants de son clan s'embarquent sur 25 navires chargés de bétail, de bois et de nourriture. À l'issue d'une navigation difficile, une quinzaine d'entre eux touche la côte ouest du Groenland. De fjord en fjord, les Vikings développent de vraies colonies sur les terres du « pays vert ». Quelques décennies plus tard, près de 3 000 Vikings y élisent domicile.

C'est Leif, un des fils d'Erik, qui ose le premier franchir l'Atlantique. Il atteint d'abord Terre-Neuve, appelée au départ Vinland à cause de ses vignes sauvages. Plus tard, des tentatives d'établissements sont menées dans l'estuaire du Saint-Laurent. Tous ces faits, rapportés par les sagas, ont depuis été confirmés par les archéologues : les Vikings ont bien découvert l'Amérique avant l'an 1000.

► Chaque année, à l'époque du solstice d'été, les Vikings d'Islande se réunissent au pied des falaises volcaniques du sud-ouest de l'île. Cette véritable « assemblée nationale », qui siège depuis 930, est à la fois un parlement et un tribunal.

▼► Dès leur arrivée sur le continent américain, les Vikings construisent un camp circulaire à proximité du fleuve Saint-Laurent. Les maisons accolées les unes aux autres sont ceinturées par une palissade censée les protéger des « Skroelings », les Indiens. Ceux-ci attaquent souvent le camp pour s'emparer des outils et des armes de fer, dont ils sont dépourvus.

Les routes de l'Est

Les Vikings s'enfoncent profondément dans l'Est de l'Europe. Après avoir traversé la mer Baltique, ils voguent sur les grands cours d'eau, comme le Dniepr ou la Volga, pour atteindre la mer Caspienne, à plus de 2 000 km de leur base de départ.

Au fur et à mesure de leur progression, les Vikings édifient des centres commerciaux et des camps retranchés qui protègent leurs itinéraires. Ainsi se développent de véritables principautés scandinaves au cœur de la Russie, comme celles de Smolensk, de Kiev ou de Novgorod. Cette dernière est le point de rencontre principal entre les marchands d'Occident et d'Orient. On y fait des échanges et l'on peut y acheter aussi bien des esclaves que des draps et de la vaisselle de Frise, des épées franques et du vin du Rhin.

Si les négociants vikings font souvent l'effort d'apprendre la langue de leurs partenaires commerciaux, il leur arrive aussi de pratiquer le troc muet en aveugle. Ils déposent leurs marchandises le long de la rivière, dessinent sur le sol ce qu'ils demandent en échange et reviennent plus tard constater si l'affaire a été faite.

Forts de cette organisation, les Vikings, après avoir sillonné la Russie, qui doit son nom au mot « Rus » utilisé pour désigner les peuples slaves, atteignent enfin Byzance, où ils seront engagés par l'empereur pour constituer sa garde personnelle.

◄ À Bagdad se tient un grand souk, où l'on trouve toutes les merveilles de l'Orient qui prendront le chemin de retour vers la Scandinavie.

▲ À l'embouchure de la Volga sur la mer Caspienne, les Vikings rencontrent les Tatars, ces farouches cavaliers des steppes d'Asie centrale, qui surveillent leurs chariots remplis d'épices et de tissus brodés d'argent, acheminés de Chine par la route de la Soie.

▲ Chaque hiver, les marchands vikings se rendent à la foire de Novgorod pour se procurer de riches étoffes en soie venues de la lointaine Chine.

▲ Les Vikings ne refusent aucune monnaie étrangère à condition qu'elle soit en argent ou plus rarement en or. Ils en apprécient la valeur en contrôlant leur poids avec des balances portatives.

◄ Après avoir parcouru les grandes plaines de la Russie, les Vikings franchissent la mer Noire pour atteindre la riche ville de Byzance. Si la plupart n'y viennent que pour commercer, certains s'y installent définitivement quand l'empereur les prend à son service.

Après le temps des aventures et des raids, vient pour les Vikings celui de l'installation en terre conquise. Au pillage et au trafic succède une vie sédentaire rythmée par les travaux agricoles, que ce soit en Angleterre, en France ou en Russie.

À l'aube d'une ère nouvelle

Les Vikings se mettent à ressembler aux populations qu'ils dominent. Des relations, des amitiés et des mariages se nouent. Dans les pays d'Occident, en proie à des convulsions politiques et à l'anarchie, ils apportent esprit d'entreprise, sens de l'organisation et respect de la justice. Les chefs vikings, par conviction ou par intérêt, se concilient l'Église, la principale puissance locale, et se convertissent au christianisme, comme le Danois Rollon en Normandie en 912 et le Suédois Vladimir à Kiev en 987. Grâce à cela, Rollon est **intronisé** par le roi Charles le Simple comme comte de Rouen.

Les Normands de Guillaume le Conquérant, duc de Normandie, livrent bataille aux Anglo-Saxons le 14 octobre 1066 à Hastings. Le combat est terrible et selon la chronique : « Les hommes étaient si serrés que les morts avaient à peine la place de tomber. »

Désormais, des lois simples régissent la vie des peuples et font de la Normandie une région à l'économie prospère, avec une armée forte et une chrétienté exemplaire. Les Danois christianisés apprennent le roman, et les liens avec leur patrie d'origine s'affaiblissent peu à peu. La fusion des Francs avec les Scandinaves réussit à tel point qu'en 1066, le duc Guillaume, descendant de Rollon, conquiert l'Angleterre, en devient le roi et y introduit la langue française.

Les Normands, commerçants avisés, remplacent volontiers, à travers le monde, leurs prédécesseurs, les Vikings. Dans une riche villa de l'Italie méridionale, un négociant normand se voit offrir une coupe de vin de Salerne par un négociant arabe.

Les tribus slaves de Dniepr ne parviennent pas à s'entendre. C'est sans doute pour cela qu'elles font appel au chef viking Vladimir, « un prince qui pouvait gouverner et faire la justice ».

Comme l'a fait avant eux Clovis, les chefs vikings cherchent à bénéficier de la force du clergé catholique pour asseoir leur pouvoir politique. Face à ses sujets, Olaf Haraldsson, qui deviendra le saint patron de la Norvège, se fait baptiser.

A

Arsenal : lieu où sont mises en dépôt des armes et des munitions.

B

Barde : c'était, chez les Celtes et les Germains, le poète chargé de célébrer les exploits des héros.

Berceau : charpente qui sert à supporter la coque d'un navire tiré hors de l'eau.

Bordage : ensemble de planches qui forment le revêtement extérieur de la coque d'un navire.

C

Cabotage : navigation s'effectuant le long des côtes.

Calfater : combler avec de l'étoupe ou d'autres fibres d'origine végétale ou animale les interstices entre les planches du bordage pour empêcher l'eau de pénétrer à l'intérieur de la coque d'un bateau.

Carène : partie immergée d'un navire.

Carnyx : trompette de guerre.

Cavalcade : défilé de cavaliers et de chars.

Charron : artisan fabriquant les roues des chariots.

Chenal : passage, naturel ou artificiel, dans lequel la navigation peut s'effectuer sans danger.

Claies : branchages tressés horizontalement entre des supports verticaux.

Coffres de nage : ce sont les coffres sur lesquels les marins s'asseyaient pour tirer sur les avirons et dans lesquels ils entassaient leurs effets personnels.

Cognée : grosse hache utilisée par les bûcherons pour abattre les arbres.

Coracle : petite embarcation d'origine celte, de forme ovale, faite d'une ossature en bois sur laquelle sont tendues des peaux de bœuf.

E

Entrelac : ornement constitué de motifs courbes qui se chevauchent et se recouvrent.

Espar : longue pièce en bois qui, sur un navire, sert de mât ou de tangon.

F

Fanons : grandes lames cornées suspendues à la mâchoire supérieure des baleines grâce auxquelles elles capturent les petites crevettes dont elles se nourrissent.

Filigrane : pièce de joaillerie faite avec des fils métalliques entrelacés et soudés.

Fjord : ancienne vallée glaciaire, étroite et profonde, envahie par la mer.

Flottille : petite flotte, groupe de plusieurs petits navires.

Frise : ancienne région littorale correspondant à peu près aux actuels Pays-Bas et habitée par un peuple germanique : les Frisons.

G

Goémon : algue marine.

H

Hydromel : boisson fermentée fabriquée avec de l'eau et du miel.

L

Luth : instrument de musique à cordes pincées, ancêtre de la guitare.

O

Ombilic : partie centrale d'un bouclier.

P

Palabre : grande discussion interminable.

Panthéon : ensemble des dieux vikings.

Pommeau : extrémité arrondie de la poignée d'une épée ou d'un sabre.

R

Racloir : outil tranchant qui permet d'égaliser la surface d'une pièce de bois ou de nettoyer la peau d'un animal avant de la mettre à sécher.

Roturier : personne qui n'est pas noble.

Rune : caractère de l'ancien alphabet des langues du Nord de l'Europe.

S

Soubassement : sorte de socle sur lequel repose la base d'une maison ou d'un bâtiment.

Souk : grand marché couvert se tenant dans les rues des pays du Moyen-Orient actuel.

Stèle : monument qui peut prendre la forme d'une colonne ou d'une pierre plate, et qui porte des inscriptions et des ornements gravés.

Stylet : instrument pointu servant à écrire ou à dessiner.

Suint : matière huileuse sécrétée par la peau des moutons, et qui enduit leur laine.

T

Tarière : outil pour percer des trous dans le bois.

Tribut : impôt que les vaincus ont l'obligation de payer à leurs envahisseurs.

Trous de nage : ce sont les ouvertures pratiquées dans la coque des bateaux à travers lesquelles les Vikings glissaient leurs avirons.

Tumulus : butte en pierres ou en terre élevée au-dessus d'une tombe.

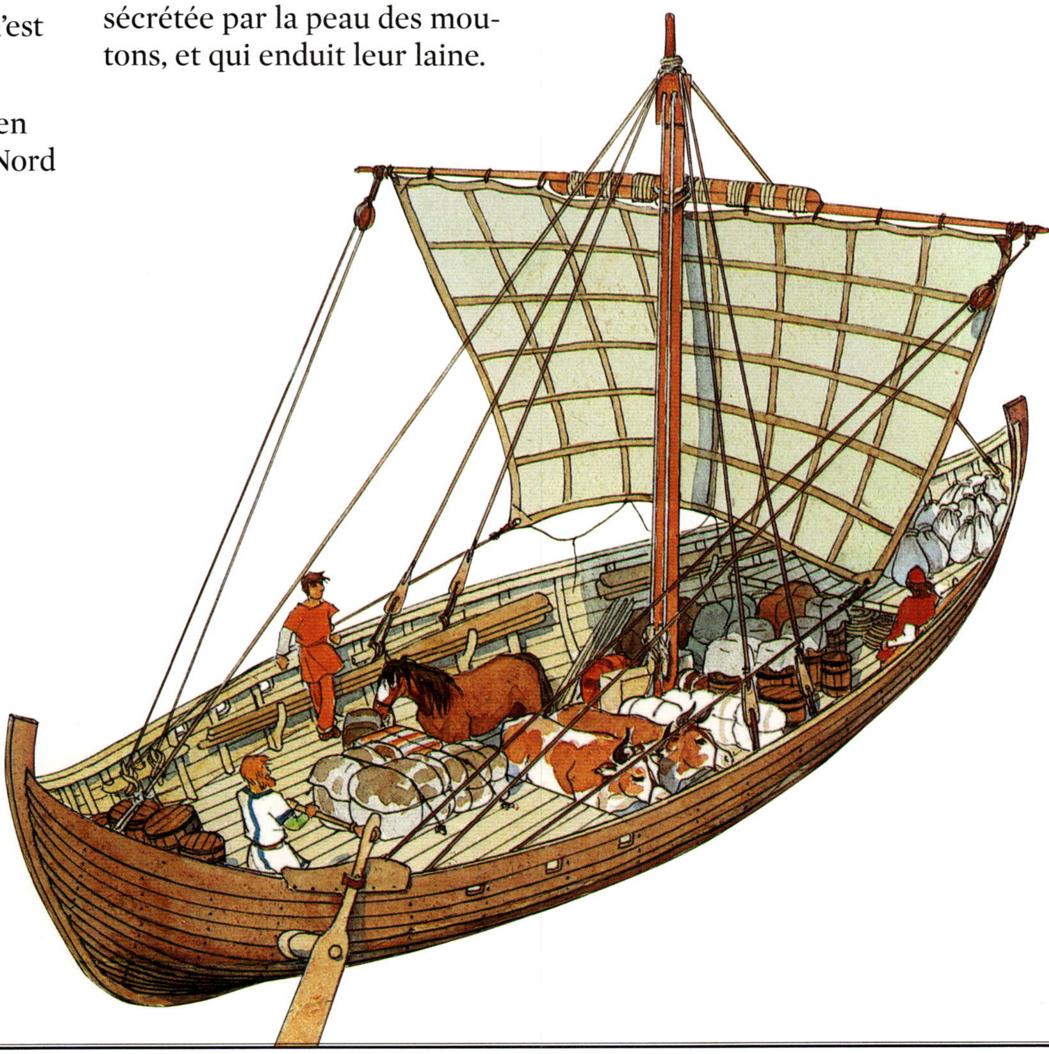

43 quai de Grenelle - 75015 Paris

Dépôt légal : septembre 2014 — édition 01

Loi n°49-956 du 16 juillet 1949 sur les publications destinées à la jeunesse.
Imprimé et fabriqué en Espagne par Macrolibros.
Achevé d'imprimer en septembre 2014.

GROENLAND
Colonie occidentale
OCÉAN ARC
Norvé
ISLANDE
Site de l'Althing
Fourrures et ivoire
Colonie orientale
Laine, graisse et poisson
MARKLAND (Labrador)
OCÉAN ATLANTIQUE
Dublin
Yo
Anse-aux-Meadows
VINLAND (Terre-Neuve)
Lon
Noirmoutiers
Valence
Camp militaire
Bateau funéraire
L'expansion Viking
Route commerciale terrestre
Route commerciale maritime
Colonies Vikings à l'étranger

À DÉCOUPER

▲ **Une baleine échouée sur la côte** (voir p. 5)

▲ **Une première bataille navale** (voir p. 6)

▲ **La construction du drakkar** (voir p. 8)

▲ **La maison viking** (voir p. 16)

▲ **Le scalde** (voir p. 21)

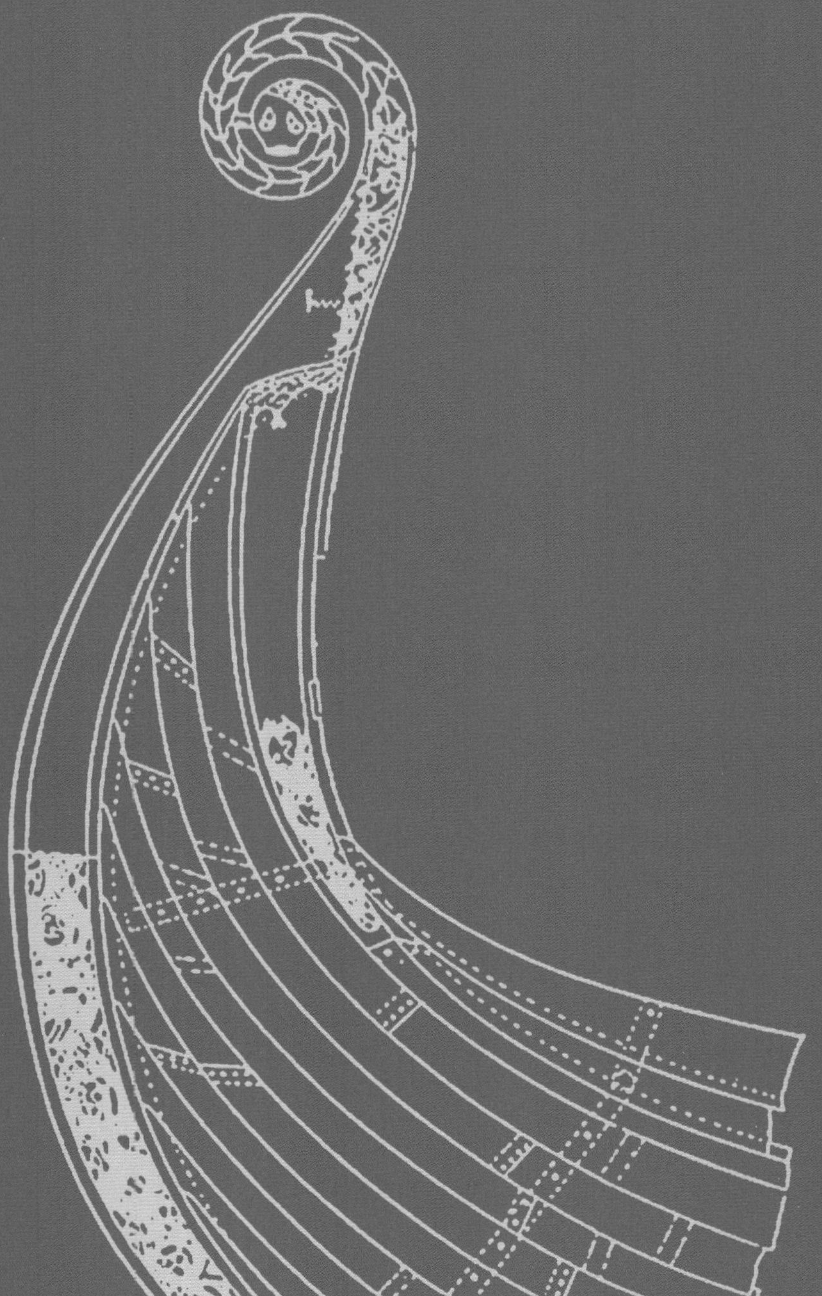

Le mariage viking (voir p. 24)

▲ **La « holmganga »** (voir p. 29)

Des guerriers redoutables (voir p. 34)

Des pillards sanguinaires (voir p. 39)

▲ **L'aventure vers l'ouest** (voir p. 41)

DANS LA MÊME COLLECTION

AU TEMPS DE LA PRÉHISTOIRE

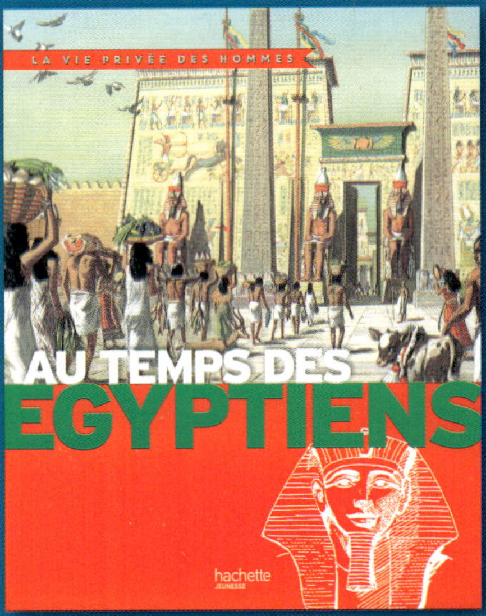

AU TEMPS DES ÉGYPTIENS

AU TEMPS DES GAULOIS

AU TEMPS DU MOYEN ÂGE

AU TEMPS DES ROMAINS